L 27
n 19477

ÉLOGE HISTORIQUE

DE

M. LOUIS THÉRON,

PRÊTRE ET CURÉ DE LA PAROISSE

DE NOTRE-DAME DES TABLES

DE LA VILLE DE MONTPELLIER,

Par M.me ***

MONTPELLIER;

De l'Imprimerie d'André Tournel, Aîné,

rue Aiguillerie, n.° 43.

1812.

ÉLOGE HISTORIQUE

DE

M. LOUIS THÉRON,

PRÊTRE ET CURÉ DE LA PAROISSE DE NOTRE-DAME DES TABLES DE LA VILLE DE MONTPELLIER.

Il fut chéri de Dieu et des hommes.
Ecclés. chap. XLV. ℣. I.

J'AI perdu le vertueux Pasteur qui dirigeait mon âme dans les voies du salut. Brebis délaissée, je le demande en vain au Ciel dans ma douleur. Hélas ! il n'est plus pour moi. Je n'entendrai plus ces paroles de bénédiction et de grâce qui portaient dans mon cœur le feu de l'amour divin et le désir de toutes les vertus. Je n'entendrai plus la sagesse me dicter des règles avec l'accent de la bonté ; je ne le verrai plus percer avec sa profonde sagacité les plaies de mon âme ; y apporter, dans l'ardeur de son zèle, le remède salutaire. Ah ! je n'éprouverai plus cette tendre émotion dont j'étais pénétrée, lorsque sa douceur, ses talens et cet ensemble parfait de qualités déployaient leur trésor pour moi dans le Tribunal auguste de la pénitence.

Dieu si bon et si aimable, pourquoi nous avez - vous enlevé ce que vous nous aviez donné dans votre tendresse? Pourquoi l'avez-vous sitôt arraché à nos besoins? Il fallait le laisser sur la terre aussi long-temps qu'il y aurait été utile ; aussi long - temps qu'il y aurait été admiré et aimé : je m'égare, c'eût été le rendre immortel.

Mais je vais rassembler mes forces, pour suspendre un moment le cours de mes larmes. J'aime à faire éclater les sentimens de mon admiration, de ma reconnaissance et de mon amour. Les personnes qui, comme moi, avaient le bonheur d'être sous sa direction, applaudiront à l'expression de ce qu'elles sentent dans leur cœur.

Louis Théron naquit le 12 janvier 1739, à Montpellier, dans la Paroisse de S.ᵗ Pierre. Son père avait su, dans un état sujet à la critique, et qui la mérite trop souvent, se conserver l'estime et la considération (1). Il joignait au mérite des connaissances celui de la religion et des vertus. Sa mère nourrie dans les sentimens de la piété la plus pure, était un modèle que se proposaient d'imiter ces âmes zélées que le Ciel fait naître pour l'édification de son Église. Aussi ces dignes parens versèrent-ils dans l'esprit de leur fils les premières idées de notre divine religion, aussitôt qu'il fut capable de les recevoir. Les premiers mots qu'il prononça furent ceux de Jésus et de Marie; heureux présage de ce qu'il serait un jour.

Illusions de la vanité! Amour si trompeur des biens de ce monde! ah! vous ne fûtes pas, selon un usage trop blâmable et malheureusement trop commun, inspirés au cœur encore neuf du jeune Théron; ses sentimens eurent pour premier objet son Créateur et son Sauveur. Ce fut là la première odeur dont fut imbu ce vase précieux; et faut-il être étonné que d'aussi glorieuses

---

(1) Il était Procureur au Sénéchal.

semencés, jetées dans une terre que Dieu avait faite si fertile, aient dans la suite porté de grands fruits !

Je ne m'arrêterai point sur ces premières années où l'enfant, à son entrée dans la vie, est souvent en butte aux écueils de l'inexpérience ; je ne m'attacherai point à montrer avec quelle sagesse précoce le jeune Théron remplissait ses devoirs. Déjà il était intéressant par ses qualités, dans un âge où les autres n'intéressent que par les grâces du corps. Aussi le mit-on de bonne heure entre les mains d'un précepteur ecclésiastique, qui seconda très-bien les vues de ses parens, en formant son cœur à la vertu, et en développant le germe heureux des talens qu'il reçut de la Nature.

Alors existait ce Corps illustre qui a donné des Saints à l'Église, d'habiles Défenseurs à la Religion, et des Savans distingués à la République des lettres. C'est de là que sont sortis S.ᵗ Ignace que Dieu favorisa de tant de grâces ; S.ᵗ François - Xavier, cet apôtre des Indes, qui alla éclairer de la lumière de l'Évangile tant de Barbares qui, placés aujourd'hui auprès de lui dans le Ciel, lui forment un cortége si glorieux ; S.ᵗ Louis de Gonzague qui porta au Ciel son innocence baptismale, et S.ᵗ Stanislas de Kosta, qui, dans sa jeunesse, ne s'occupa que de Dieu, et qui, avec Gonzague, est devenu le modèle éternel de cet âge, où tant de penchans séducteurs se disputent les prémices de la vie, de l'intelligence et des sentimens.

C'est de là qu'ont pris leur essor pour aller dissiper les nuages de l'hérésie, ce Bellarmin, dans la bouche duquel la vérité a des armes irrésistibles et victorieuses; le P. Tournemine qui, par l'universalité de ses talens, embrassait toutes les sciences, et qui sut pousser l'erreur dans ses derniers retranchemens; Pallavicin, dont l'histoire du Concile de Trente prouve toute la mauvaise foi de Fra-Paolo, et qui, dans le rapport des décrets de ce saint Concile, établit si victorieusement toutes les vérités que s'efforcent en vain d'obscurcir l'erreur et l'opiniâtreté; Suarez, Tolet, et tant d'autres dont le nom seul remplirait des pages entières, et sur lesquels je dois, moins que personne, me permettre de hasarder un sentiment.

Mais pourrais-je vous taire, vous littérateurs, poètes et savans dont cette Société s'honore? Comment ne pas parler de Pétau, de Porée, la Rue, Rodèle, Vanière, Santeuil, Jouvenci, de Bourdaloue, Chéminais, Neuville, etc.? Quel est l'homme dont l'admiration ne s'élève point jusqu'à l'enthousiasme, quand il considère les génies sublimes qu'a produits cette Société, quand il considère qu'ils ont fait faire les plus grands pas à toutes les sciences, à tous les talens?

Et cependant cet Ordre n'existe plus! mais suivons le jeune Théron dans ses études, nous arriverons à cette époque fatale où il fut forcé de sortir d'une carrière où Dieu semblait l'appeler par le goût qu'il lui en avait inspiré.

Après avoir reçu les premières leçons de son précepteur, il se présenta au Collége des Jésuites à Montpellier. Là, il signala ses talens par les plus grands et les plus rapides progrès. Peu embarrassé des difficultés de l'étude des langues, il sut les surmonter sans efforts. Son intelligence les lui applanissait; son application était couronnée par le succès. Animé d'une vive émulation, il tâchait d'être vainqueur de ses concurrens, et il l'était souvent : ses palmes ne diminuaient pourtant pas sa modestie. Il semblait moins satisfait pour lui-même que pour ses parens à qui il prouvait ainsi, que leurs soins n'étaient pas infructueux. On le voyait encore joindre la plus exquise délicatesse à ses triomphes. Ce n'était point, selon lui, la preuve d'un grand talent. « Souvent, disait-il, le » moins habile doit sa supériorité à une de

» ces faiblesses auxquelles l'on se sent quel-
» quefois sujet. Il est des jours, ajoutait-il,
» où je me semble dénué d'esprit ; il doit en
» arriver aux autres tout autant ; et c'est à la
» faveur de ces faiblesses passagères, que
» j'obtiens mes succès ».

Ce propos, qui nous a été cité par une
personne qui était alors liée avec lui, nous
fait connaître quel était, de bonne heure,
l'état de ce cœur qui a été depuis le sanctuaire de tant de vertus.

Les régens s'aperçurent bientôt des talens
de leur jeune élève. Ils apportèrent à la
culture de son esprit tout le soin que pouvait inspirer à des maîtres zélés l'espoir de
contribuer à former un habile sujet. Il est
inutile de dire les avantages qu'il retira de
cette surveillance plus particulière de ses
travaux. Il s'en félicitait dans la suite, et
donnait volontiers l'élan à la reconnaissance
qu'il en éprouvait.

Est-ce à cette attention amicale des Jésuites pour lui, ou aux sages instructions
de sa vertueuse mère, que le jeune Théron
dut le goût qu'il eut pour cet état ? Peut-
être la divine providence employa-t-elle ce
double moyen pour arriver à ses fins. Toujours est-il vrai qu'il manifesta bientôt à ses
parens le désir d'entrer dans la Compagnie

de Jésus. Ils n'eurent garde de contrarier une si sainte intention. Plus attachés à leur enfant dans l'ordre du Salut, que dans celui de la Nature, ils firent à son bonheur le sacrifice de leur satisfaction temporelle. Ils n'envisagèrent point toute la peine d'une douloureuse séparation ; ils ne pensèrent point, comme les hommes charnels, que, n'ayant qu'un fils, ils devaient le conserver pour être le régénérateur de leur famille. Sacrilége égoïsme ! Des chrétiens peuvent-ils, sans frissonner d'horreur, préférer la folle satisfaction de ne pas voir éteindre leur race, au devoir rigoureux d'offrir à Dieu les enfans qu'ils ont reçus de lui ? Peuvent-ils faire aussi authentiquement choix entre Dieu et le monde ? Peuvent-ils sacrifier Dieu au monde ? Hélas ! cette assertion monstrueuse est une triste vérité. L'homme est assez pervers pour se déclarer contre Dieu de propos délibéré. Oui, il en est qui, dans ce cas-là, sans pouvoir même alléguer l'aveuglement des passions ; il en est qui, de sang froid et avec tout le calme de la réflexiou, ont l'abominable audace de vouloir ravir leurs enfans à Dieu, pour les donner au monde.

Tels ne furent pas les parens du jeune Théron. Ils adressèrent à leur fils de sages réflexions sur le parti qu'il voulait prendre ;

ils lui représentèrent l'étendue des devoirs qu'il aurait à remplir. Mais dès qu'ils le virent ferme dans sa résolution, ils l'exhortèrent à consulter Dieu dans la prière et dans le jeûne, à se comporter toujours de manière à se rendre digne de ses lumières, et ils finirent par lui témoigner leur satisfaction pour la généreuse intention qu'il avait de marcher toujours dans le sentier de la vertu.

Fidèle à leurs recommandations, on ne vit point notre jeune élève se livrer à la dissipation de ses condisciples. Mais toujours aimable et riant, il savait pourtant allier les grâces du jeune âge avec une certaine gravité : aussi était-il aimé de tous, lors même que sa conduite contrastait avec la leur. C'est ainsi qu'il faisait déjà l'apprentissage de cet art si difficile de concilier la sévérité de la vertu avec cette douceur qui gagne le vicieux, pour le dépouiller de son vice.

Cependant il avançait en âge, en connaissances et en vertu. Déjà la maturité du jugement, fruit précoce en lui d'une raison peu commune, avait, pour ses principes de conduite, appuyé de sa force les heureuses inspirations du sentiment ; déjà il touchait au moment où ses pas allaient particulièrement se porter vers l'état où il aspirait ;

tout semblait lui prouver que son intention
était selon la volonté de Dieu. Un Confesseur
sage et éclairé avait jugé, par la grande
pureté de ses mœurs, qu'il était digne
d'entrer dans la Société de Jésus. Il avait,
en conséquence, dirigé vers ce but toutes
ses facultés ; il lui avait inspiré cet esprit
de détachement, d'humilité et de soumission
qui devait être le caractère d'un digne Jésuite.
Vous lui fûtes proposé pour modèle, Saint
Louis de Gonzague, pour qui il eut toujours
la plus tendre dévotion ! Il forma le dessein de
marcher toujours sur vos traces. Il s'appliqua
à nourrir son cœur des sentimens qui ont fait
la gloire du vôtre, et vous vîtes du haut des
Cieux, s'élever à l'ombre du Sanctuaire, ce
rejeton qui devait, à la vérité, vivre plus
long-temps que vous, mais dont la vie devait
être un tissu de bonnes œuvres et de vertus !

Son esprit s'ouvrait déjà à la connaissance
des beautés des auteurs classiques ; il les
appréciait avec une sagacité rare. Toutes
ces finesses de style, de pensées et d'har-
monie dont ils brillent, se dévoilaient à
lui ; ses maîtres étonnés trouvaient, dans
ses réflexions modestes, l'idée d'un genre
de mérite qu'ils n'avaient point soupçonné
encore. Leur estime s'en accroissait de plus
en plus ; ils la lui témoignaient souvent de

manière à alarmer son humilité ; ils le citaient à ses condisciples comme un modèle ; ils vantaient son intelligence vaste et profonde , son jugement sûr , sa mémoire fidèle , et ce goût exquis qui lui révélait les secrets de toutes les beautés. De nouveaux succès attiraient toujours de nouveaux éloges ; ses maîtres, dans leur admiration pour ses talens , consultaient moins, j'en conviens, leur raison que leur cœur. Ils auraient dû craindre de faire glisser le poison de l'orgueil dans son âme. Tout autre que Théron aurait pu concevoir de lui-même une idée trop avantageuse ; il aurait pu , s'enivrant d'une folle confiance en ses moyens, négliger l'application à ses devoirs, et perdre ainsi , à l'occasion de ses succès et de ses talens, les fruits heureux d'une culture qui devait enrichir un esprit, tel que le sien , des plus grandes connaissances.

Mais Théron avait dans son cœur un grand fonds d'humilité. Sa respectable mère lui avait appris de bonne heure à rapporter uniquement à Dieu la gloire des succès qui lui appartenaient. Il ne regardait comme lui étant propre que ces fautes, suites inévitables de la faiblesse humaine, qui échappaient quelquefois à son âme distraite. Tout le reste était un don de Dieu , qui devait être pour

lui plutôt un sujet de crainte que d'une vaine complaisance. « Nous sommes obligés, disait-
» il, de rendre compte des talens qui nous
» ont été confiés ; administrateurs d'un bien
» qui ne nous appartient pas, nous ne pou-
» vons que nous en attribuer l'usage, et qui
» sait quels seraient nos torts, si Dieu ne dai-
» gnait nous aider du secours de ses grâces ? ».
Cette grande et terrible vérité faisait la base de sa conduite. Aussi soigneux de mettre à profit ses talens que modeste dans ses succès, il avait acquis sur lui un empire bien glorieux. Il ne trouvait dans l'éloge de ses maîtres qu'une exhortation à ne pas laisser criminellement enfoui le talent qui lui avait été accordé, et descendant ensuite dans lui-même, il se représentait toutes ses imperfections, il se les exagérait timidement, et dans cette méditation humiliante pour lui, il puisait une mélancolie, qui lui durait plusieurs jours, et dont sa mère et sa sœur, connaissant le motif, s'efforçaient de le tirer en lui présentant des motifs de religion et de conscience. Oh ! avec ces armes, ces pieuses personnes remportaient promptement la victoire, et ramenaient dans lui une douce sécurité.

Jamais on ne vit, hors ce cas-là, s'altérer l'égalité de son humeur ; doux et paisible, il montrait toujours sur son front un air

riant. C'était là le signe de cette paix inté-
rieure qu'il devait à son innocence; c'était
le signe aussi de la reconnaissance qu'il avait
pour les bontés dont on le comblait sans
cesse. Bien différent de ces enfans que la
folie rend toujours inquiets, qui voient,
dans leur paresse, de mauvais œil, les soins
un peu gênans pour eux qu'on prend de
leur éducation, qui sacrifiant dans leur
étourderie tout l'espoir de l'avenir à la
honteuse insouciance du présent, sont d'un
caractère sombre et bourru, parce qu'on
les soumet à des exercices réitérés; Théron
avait trouvé dans les trésors de son intelligence et de son cœur, le remède à ces
défauts.

Ces qualités le rendaient cher à tout le
monde. Ses maîtres surtout étaient enchantés
de la manière aisée avec laquelle il se sou-
mettait à toutes les règles de discipline. Un
élève avait un jour commis secrètement quel-
que faute grave, il fut impossible d'en découvrir l'auteur. Alors pour frapper les esprits
d'une crainte salutaire, on étendit la punition
sur tous ceux d'une classe qui ne pourraient
pas prouver leur innocence. Théron le pouvait; mais il aima mieux se soumettre
humblement à un châtiment commun, allé-
guant pour raison qu'il était de la charité

de partager les peines de ceux qui, quoique innocens comme lui, ne pouvaient point prouver qu'ils l'étaient, qu'on leur en allégeait ainsi le fardeau.

Sublime amour du prochain ! quel cœur vous possédait mieux que le sien ? il en était embrasé ; il aurait sacrifié sa vie à son bonheur. Que de traits j'en pourrais citer, si les bornes de cet abrégé ne me forçaient point de hâter ma marche ! St. François-Xavier ! ô quelle ardeur de zèle n'éprouvait-il point pour vos glorieux travaux ! qu'il aurait voulu pouvoir marcher sur vos traces ! son imagination pleine de feu lui peignait le mérite de ces conquêtes, par lesquelles on gagne des âmes à Dieu. Ouvrir les yeux de ces infidèles qui sont nés dans les ténèbres de la mort, éclairer leurs âmes de ces sublimes vérités qui nous font connaître toute la grandeur de notre nature, faire naître dans leur cœur ces vertus qui nous élèvent jusqu'aux cieux, les conduire dans la voie de la croix jusqu'à ce qu'ils fussent introduits dans le royaume céleste, telle était la sublime fonction de ces Missionnaires, dont Théron aurait voulu partager les travaux et les succès : périls de la navigation, fatigues du voyage, danger de périr victime de la cruauté des peuples dont ils entreprennent la conversion, rien n'aurait découragé, rien n'aurait attiédi son zèle.

Faut-il dire après cela que le jeune Théron était plein de l'amour de Dieu ? Celui qu'il avait pour le prochain, tout grand qu'il était, n'était pourtant, comme il devait l'être, qu'une ombre, qu'une faible étincelle de celui qu'il avait pour son Créateur ; profondément pénétré de ses bienfaits, il était toujours en sa présence, toujours sa reconnaissance semblait renouveler la force de ses sentimens. De fréquentes aspirations l'élevaient vers lui, son cœur détaché de ce monde vivait dans le Ciel ; nouveau Gonzague, il ne faisait rien qu'en vue de Dieu ; toutes ses actions, ses paroles, ses pensées étaient pour lui ; il semblait se faire une sainte violence quand il occupait son esprit de sujets étrangers. Il demandait pardon à son divin Maître de l'obligation où il était de quitter un moment sa présence, c'était pour lui obéir, qu'il se désistait un moment de cette pensée délicieuse ; il devait orner son esprit de connaissances humaines, pour être à même de travailler à la vigne de celui qu'il aimait. Telle une mère tendre sacrifie à l'intérêt de son fils chéri, le plaisir si doux de l'avoir auprès d'elle, et l'envoie dans une ville étrangère perfectionner utile-

2

ment son éducation ; cependant son cœur est en proie à la tristesse, elle se nourrit du souvenir de son enfant, et ne se console de sa douleur que par l'idée de se sacrifier elle-même pour lui.

Ainsi notre vertueux élève trouvait dans sa soumission un motif de soulagement à sa pieuse peine ; mais avec quelle ardeur, avec quel saint empressement ne revenait-il point en la présence de son Dieu ! quelle vive émotion dans ce retour ! quelle délicieuse jouissance ! Ames privilégiées, qui connaissez le trésor de bonheur qu'on trouve dans l'amour divin, ah ! votre sentiment suppléera à la faiblesse de mes expressions ; accoutumées à ces sensations, je ne pourrais qu'en affaiblir l'image que vous en avez, et celles qui sont étrangères à cette connaissance, ne me comprendraient point, malgré tous mes efforts.

Tandis que ses condisciples, libres de travail, s'abandonnaient à de vains amusemens, à de folles dissipations, comme Tobie ; Théron, sans se singulariser, se séparait d'eux, et prenait sa *récréation* recueilli devant son souverain Maître, lui offrant ses facultés, son existence, son amour, ou bien il puisait dans une sainte lecture des alimens à sa piété, et approfondissait les mystères de l'amour divin ;

comme la flamme active augmente sa vivacité et sa force, quand le vent en soufflant sur elle lui fournit son aliment ; ainsi son cœur sentait augmenter l'ardeur dont il brûlait par la connaissance de l'amour qui animait les autres. On l'a vu, après avoir lu la vie de Ste-Thérèse, enflammé comme elle, dévoré d'un feu qni le transportait. Son extérieur trahissait ce qui se passait au dedans de lui. Ses yeux brillaient d'une plus vive lumière, son teint était animé d'un plus vif coloris, un air de prédestination était répandu sur toute sa personne. Sa mère étonnée lui demanda, avec le plus tendre intérêt et avec les plus grandes instances, la cause de son émotion ; son humilité semblait rougir d'en faire l'aveu, cependant il n'eut garde de résister long-temps, il aurait eu peur de manquer au respect qu'il lui devait. » Je suis pénétré de l'amour de la » bienheureuse Thérèse de Jésus ; elle m'a » communiqué sa divine ivresse. C'est sans » doute dans cette sublime extase que se » trouve la plénitude du bonheur céleste. » Que ne puis-je, rompant les liens qui m'at- » tachent à la terre, prendre mon vol vers » mon Seigneur ! mais en vous quittant j'em- » porterais le regret de ne pas avoir avec moi, » au sein des délices, la mère tendre qui » m'a formé à la vertu ».

Ainsi se passait, dans la pratique de la perfection chrétienne, l'enfance du jeune Théron. Peu d'hommes ont su, comme lui, consacrer à Dieu cet âge précieux ; trop souvent il s'écoule dans la dissipation et la frivolité. Jouet de ce qui l'environne, l'enfant n'est guère capable de réflexion, il s'amuse de tout, ne voit que le présent et ne songe point à l'avenir ; il est pourtant des âmes privilégiées qui ont marché de bonne heure dans la carrière des vertus ; les Gonzague, les Stanislas en sont la preuve. J'ai insisté sur cette époque de la vie de M. Théron, parce qu'elle est très-édifiante, parce qu'elle nous offre le germe déjà développé du mérite qui brilla depuis dans tout son éclat, parce que cet âge bien passé, est une source de grâces pour l'avenir, parce qu'il est prouvé par l'expérience, que les habitudes que l'on contracte alors se conservent jusqu'à la mort.

Je tiens tous ces détails des personnes qui l'ont connu dans ce temps-là. Liées par l'amitié avec sa respectable mère, elles ont tout appris ou tout vu ; elles me les ont communiqués avec le plus grand plaisir, et je dois avouer que leur vénération pour ce vertueux prêtre a augmenté la mienne.

Si nous ne connaissions que ces traits de sa vie, que tout le reste se dérobât à notre connaissance, et qu'il ne nous fût arrivé que la nouvelle de sa mort ; je le demande, quel augure tirerions-nous de son enfance ? Ne serions-nous pas portés à supposer que celui qui s'engagea de bonne heure dans le sentier de la vertu, a continué d'y marcher le reste de sa vie ? Ne nous prononcerions-nous pas pour l'opinion qui, jugeant de ce qu'il a dû être par ce qu'il a d'abord été, le rangerait parmi les Saints Pasteurs qui ont conduit le troupeau du Seigneur dans de gras pâturages, où il a acquis cette vigueur de santé qui l'a mis en état de marcher avec courage vers la céleste bergerie ?

Cette présomption si juste se trouve ici confirmée : tel qu'un jeune arbre qui, planté dans un bon terrein, a poussé de profondes racines et s'est couvert d'un large feuillage, porte dans l'automne tous les fruits que ses fleurs avaient promis dans le printemps ; le jeune Théron ne montra dans son enfance, malgré cette perfection dont tant d'hommes s'honoreraient, qu'une faible esquisse des grandes qualités qui l'embellirent dans la suite.

A peine touchait-il à sa quinzième année, qu'il arrêta définitivement sa résolution ; il consulta encore la volonté du Seigneur, elle se fit connaître à lui, et il s'y soumit aussitôt.

On décida donc qu'il irait à Toulouse pour y faire son noviciat. Il partit en fondant en larmes des pleurs qu'il voyait répandre à sa tendre mère ; il lui offrit les consolations de la religion, lui renouvela l'expression de tous les sentimens qui l'attachaient à elle, et l'exhorta à avoir la force de faire au Seigneur le sacrifice de son fils. Une vive étreinte fut le prix de ce motif puissant ; une douce sérénité renaquit, et le jeune novice emporta la bénédiction, les vœux, les regrets, de la plus respectable des mères.

Arrivé dans cette ancienne Ville, il fut reçu dans le célèbre établissement qu'y avaient les Jésuites avec les égards que méritaient ses talens et ses vertus. Il subit avec courage les épreuves dont on se servait pour s'assurer des dispositions des aspirans. Une discipline exacte, des études suivies et bien dirigées, la gravité, la décence et les talens des supérieurs, tout concourait à leur inspirer la science et une piété solide, à maintenir parmi eux le respect et l'obéissance à la règle, et à leur donner une haute idée des obligations de leur état. Théron se distingua par cette activité à remplir ses devoirs, par cette ponctualité à se soumettre aux règlemens qui annoncent une entière abnégation de soi-même. Aussi, ce fut la vertu qu'il

parut affectionner le plus, durant ce temps-
là. Prescrite par les institnts de St. Ignace,
elle était en lui l'âme et le soutien de toutes
les autres. Il ne se regardait que comme un
instrument qui doit se prêter aux mouve-
mens de celui qui l'emploie. Il paraissait
n'avoir de volonté que pour se soumettre
à celle de ses supérieurs. Sage appréciateur
du but du St. Fondateur, on ne le vit qu'ad-
mirer l'excellence de cette disposition. Il
savait que rien ne nous est plus nuisible que
notre attachement à nos propres volontés.
L'orgueil s'élève bien contre ces maximes,
mais c'était là l'ennemi qu'il fallait terrasser;
habile en ressources, il prend bientôt un
champ libre, si on ne l'enchaîne étroitement;
et y a-t-il de meilleurs moyens que de nous
dépouiller de notre volonté?

Au reste, il parcourut sa carrière d'une
manière digne de tous éloges. Ses supérieurs,
pénétrés d'estime pour lui, la lui témoignaient avec un vif empressement. Ils le
regardaient comme un sujet capable de faire
le plus grand honneur à leur ordre : aussi
ne négligeaient-ils rien pour le perfectionner
dans les qualités qui devaient être le partage d'un homme attaché à la Compagnie
de Jésus; ils lui ouvraient les trésors des
sciences théologiques et humaines, de la

littérature ancienne et moderne, en lui
fournissant les ouvrages où ils étaient contenus. Ils exerçaient cette mémoire si prompte
à apprendre et si fidèle à conserver, cette
pénétration devant laquelle les questions les
plus épineuses n'avaient rien d'obscur, cette
profondeur qui savait creuser les plus grandes
difficultés, et ce goût exquis, qu'il avait reçu
formé des mains de la Nature, qui dans son
enfance avait su discerner avec tant de finesse
toutes les beautés des auteurs classiques, et
qui, mûri aujourd'hui par l'étude, était capable d'apprécier ces beautés mâles et sévères
que l'enfant ne sent point, parce que son
âme n'a point encore l'énergie nécessaire.

De Toulouse, il fut envoyé à Aurillac;
il apporta dans ce dernier lieu le fruit des
saints exercices auxquels il s'était livré pendant la première époque de son noviciat.
Ses supérieurs apprirent de ceux de Toulouse la considération qu'ils devaient avoir
pour lui. Sa réputation acquit encore un
nouvel éclat; il perfectionna, il épura toutes
les vertus qui régnaient dans son cœur.

Ce n'était plus cette jeune plante qui s'annonçait avec tant d'avantage; parvenue à un
rapide accroissement, ses fleurs étaient déjà
écloses, elles attiraient les regards par la
vivacité de leur coloris, et enchantaient par
la suavité de leurs parfums.

Ses supérieurs l'avaient, selon l'usage, occupé de l'enseignement. Il y avait montré tout le zèle, toute l'activité et tous les talens qui doivent être l'apanage d'un maître. En inspirant aux enfans le goût des sciences et des lettres, il s'appliquait à leur communiquer celui de la religion et de la vertu. Son air aimable, son langage plein d'onction se gagnaient aisément leurs cœurs. Il regrettait encore sur la fin de sa vie le bien qu'il aurait fait dans cette fonction.

Mais il devait bien pressentir alors qu'il n'aurait pas long-temps l'avantage de marcher dans cette sainte carrière. Déjà l'orage avait commencé de gronder sur la tête des Jésuites; des ennemis acharnés élevèrent contre eux d'odieuses imputations; ils chargèrent le Corps des erreurs de quelques-uns de ses membres; et leurs manœuvres n'eurent de fin que lorsqu'ils eurent renversé cette Société qu'ils représentaient comme un colosse effrayant, dont l'autorité pouvait balancer celle des Rois.

Théron, forcé de quitter un état dans lequel il se plaisait tant, se soumit humblement aux décrets de la Providence. » J'étais indigne, » disait-il, d'être dans la Compagnie qui avait » produit tant de Saints. Vil pécheur, mon » nom ne devait pas s'inscrire sur la même

» liste qui reçut les leurs. Seigneur! faites de
» moi ce qu'il vous semblera bon ; vous avez
» porté l'affliction dans mon âme : je le sens, le
» trait dont vous m'avez percé, me fera tou-
» jours sentir ses cruelles atteintes. La plus
» longue vie ne diminuera point mes regrets
» et ma douleur ».

Le vent de la tribulation dispersa aussitôt
les Jésuites. Théron revint après sept ans
d'absence, dans sa Patrie. Quel changement
subit s'était opéré! Ah! si en partant il avait
été attendri de la douleur de sa mère, son
retour fut bien plus cruel encore. Quelle
suite de sentimens pénibles assiégeaient son
cœur ! Il voyait s'éteindre cette Société dans
laquelle il avait espéré de terminer ses jours.
Il lui fallait marcher dans une autre carrière.
Là, un guide fidèle le dirigeait, sa conduite tracée sur un plan uniforme et réglé,
trouvait des modèles dans tous ces respec-
tables collègues qui avaient signalé leurs
vertus. Désormais, obligé de communiquer
avec le monde , il allait lutter contre les
vices qui l'infectent, il allait affronter les
dangers de la contagion. Son âme timorée
tremblait à ce penser. Pénétré d'une vive
défiance de lui-même, il pleurait ces jours
calmes, paisibles et retirés qu'il avait passés
à l'ombre du sanctuaire. Il lui semblait qu'il

allait être en butte à toutes les tempêtes, à tous les écueils d'une mer orageuse.

Telles étaient ses angoisses à son retour à Montpellier. Il y était revenu avec l'habit de Jésuite ; il en avait prononcé les vœux simples : ce n'était qu'à trente-trois ans, d'après les constitutions, qu'ils étaient admis aux vœux solennels.

Je ne dirai point la douleur qu'éprouvèrent les Français, de voir supprimer cette célèbre Société. Les pères de famille perdaient, dans ces Religieux, les plus habiles instituteurs de leurs enfans ; les lettres, des savans capables de leur faire le plus grand honneur ; les chaires de vérité, ces éloquens orateurs, si exercés au talent de persuader ; les tribunaux sacrés, ces sages directeurs qui conduisaient dans les voies du salut. Le temps n'a point encore cicatrisé cette plaie ; elle saigne encore dans les cœurs : nous nous abstenons des réflexions qui pourraient la rouvrir.

Cependant la divine Providence qui destinait le jeune Théron à éclairer et à édifier son Église, ne permit point qu'un événement aussi fâcheux ralentît son zèle. Surmontant enfin les timides défiances de son humilité, il ne pensa plus qu'au désir de contribuer à la gloire de Dieu ; il devint le

coopérateur de M. Poujol dans les conférences que ce dernier faisait. Le public le
vit avec plaisir associé à ce prêtre respectable, dont la mémoire sera toujours en
vénération, et il justifia bien la haute idée
qu'on avait de son mérite. En effet, doué
de tous les talens qui forment l'orateur, il
savait plaire, instruire et toucher.

Les disputes qui agitaient alors l'Église de
France, comptaient de zélés partisans dans
notre Cité. La jalousie qui empoisonne tout,
suscita bientôt de puissans ennemis à celui
qui, jeune encore, occupait une place distinguée dans le monde savant. Les Jansé-
nistes, dans le désir de se faire un aussi
habile prosélyte, tentèrent auprès de lui
tous les moyens de la séduction. Fol espoir !
Pouvaient-ils espérer de se gagner celui qui
avait tant d'amour pour l'Ordre à la des-
truction duquel ils avaient imprudemment
contribué ? Dieu puissant ! qui rendîtes le
cœur du jeune Joseph inaccessible aux at-
traits de la séduction, rendriez-vous le cœur
du jeune Théron accessible aux attaques
insinuantes de ces esprits artificieux qui dis-
simulent pour attirer, qui caressent pour
blesser, qui promettent pour séduire ; ils
semblent vouloir sauver pour mieux perdre ?
Outrés de l'inutilité de leurs tentatives, ils

le calomnièrent, lui suscitèrent des persé-
cutions, et en seraient venus jusqu'à le faire
mettre du nombre des Jésuites qu'on exila,
si, pour se rendre aux vœux de sa famille,
il ne se fût dérobé à leurs regards irrités.
Il se réfugia à Avignon.

Arrivé dans cette ville, il se livra à ses
exercices ordinaires de piété et à l'instruc-
tion des ignorans. Son âme qui réunissait
déjà tout ce qui est capable d'intéresser un
cœur sensible, des talens, des vertus, des
malheurs, gémissait sur les divisions qui
affligeaient alors la France.

Il lui manquait cependant un caractère
essentiel, le sacerdoce. Les Ambroise, les
Épiphane ne s'y disposèrent point par de
plus nobles sentimens. Concentré depuis
long-temps, à leur exemple, dans la re-
traite, avec des talens rares et des mœurs
pures, il y apprit la science et l'esprit de
son état ; il y puisa cette vigueur de méditation, cette profonde habitude de réfléchir
et de juger qu'il conserva toute sa vie.

La voix de son Supérieur l'appelle pourtant auprès de lui. Louis Théron se rend à
Montpellier. Le digne Évêque qui nous
gouvernait alors, s'attache le jeune ecclésiastique, l'examine, et que trouve-t-il en
lui ? Il trouve un modèle d'un zèle actif,

mais réglé par la prudence ; d'une charité
que le Ciel inspire , et que le monde ne
borne jamais ; d'un désintéressement noble
et généreux ; d'une obéissance prompte et
réfléchie ; d'une pureté angélique ; d'une
patience toujours invincible ; d'une douceur inaltérable. Telles furent les vertus
qui le recommandèrent à l'estime du Saint
Pontife. Que de titres , que de droits à l'im-
position sacrée des mains ! Aussi lui con-
fère-t-il le caractère auguste de Ministre de
J. C. Il monte pour la première fois à
l'autel....... O jour à jamais mémorable pour
lui ! Le sacrifice commence ; Théron est sur
le point d'offrir la victime ; un saint enthousiasme le saisit ; des larmes d'émotion cou-
lent de sa paupière.

Théron a porté sur le monde un regard
observateur. Il est frappé des dangers qui
l'y menacent. Il puisera dans la prière la
force de les surmonter ; et que ne peut point
l'âme fidèle , aidée de ce secours ? La soumission termine ses irrésolutions. Allez ,
jeune Ministre , où le Ciel vous appelle :
allez , ne suivez que votre zèle.

Il obéit. Mais à qui sera-t-il donné de
suivre Théron dans l'exercice non inter-
rompu de son ministère ? Vicaire à Saint-
Denis , les jours semblent ne point suffire

à son zèle. Jusque dans les ténèbres de la nuit, il prolonge ses entretiens paternels avec la jeunesse, objet continuel de sa tendre sollicitude. Mais aussi la lumière lui semble revenir trop tôt, quand elle vient l'arracher à ses méditations profondes et silencieuses. Dans ces effusions de l'âme, il tirait de son cœur, plutôt que de son imagination, ces aspirations enflammées que le moment suggère aux âmes embrasées de l'amour divin.

La charité dont il était animé le conduisait dans ces demeures où la misère et la douleur se disputent à l'envi leurs victimes. O vous qui avez été si souvent comblés de ses largesses, dites-nous avec quel charme inexprimable il vous ouvrait et sa bourse et son cœur ! Les infortunés que le malheur réduit à la mendicité publique, ne furent point les seuls objets de sa bienfaisance ; elle s'étendit sur ces personnes honnêtes pour qui la pauvreté est une honte. Ce bon prêtre vint souvent au secours de ces hommes qui, dans des temps malheureux, ne pouvaient point sustenter leur famille. Il donnait du pain à leurs enfans, et les arrachait ainsi les uns et les autres à la honte et au désespoir.

Tendres enfans ! comme il vous aimait ! En effet, qui ne l'a vu les instruire par ses exemples, leur découvrir les ruses de l'enfer et ranimer leur vigilance, leur peindre son audace et régler leur ferveur ; en un mot, leur rendre la vertu aimable, facile et nécessaire. Que de sagesse dans ses entretiens ! Que d'énergie dans ses réflexions ! Que de finesse dans ses reparties ! Que de justesse dans ses comparaisons !

A quel troupeau l'Évêque de Montpellier destinera-t-il ce Saint Prêtre pour Pasteur. Paisibles habitans d'Aniane, réjouissez-vous ! le Seigneur vous le donne dans sa miséricorde. Vous le vîtes, déployant le trésor des vertus sacerdotales, parcourir les chaumières pour y former des hommes contens de leur état, heureux dans leur misère, et au-dessus de leur éducation par leurs sentimens ; vous le vîtes pénétrer dans ces réduits inaccessibles au commun des hommes, pour y offrir des consolations au malheur, des soulagemens à la misère et des ressources au désespoir ; vous le vîtes à la tête de ses confrères et de ses amis faire des conférences théologiques, et régler par ses exhortations pathétiques et par ses conseils judicieux, leur conduite. C'est donc de lui, dignes ouvriers évangéliques, que vous apprîtes l'importance et les dangers de votre ministère, l'étendue et la sévérité de vos devoirs.

Mais sur quel nouveau théâtre vient-il s'offrir à mes regards ? Toujours docile aux ordres de ses supérieurs, il paraît dans le collége renommé qui, sous les auspices du respectable Évêque de Malide, donnait à l'église de savans Ecclésiastiques, aux lettres de zélés partisans, et à l'État de sages Magistrats.

Les leçons et les exemples de M. Théron honoraient autant la science que les mœurs ; précieux à l'Église, utile à l'État, il était jaloux de transmettre à ses élèves la variété de ses connaissances et la pureté de sa foi. Il voulait former tout-à-la-fois leur esprit et leur cœur. Pour atteindre ce double but, il n'était pas de soins et de moyens qu'il n'employât. Aussi attentif à soutenir l'émulation de l'élève doué de talens, qu'à animer l'activité de celui qui en manquait, il était propre à encourager l'un, pour hâter sa marche, et à aiguillonner l'autre, pour lui faire faire les plus grands pas.

Au milieu de ces succès, s'élève un sombre nuage qui porte dans son âme agitée la terreur et la consternation. Il laisse échapper des soupirs. « Qu'avez-vous, M. le Principal, « lui dirent deux petits enfans qui l'entou- « raient ? hélas ! mes bons amis, s'écria-t-il « douloureusement, je vois se lever un orage

« effroyable qui menace l'Église et la France.
« Bientôt la plus horrible tempête remplira
« l'héritage du Seigneur de ruines et de deuil.
« La France sera inondée du sang des victi-
« mes ». Il parle. L'oracle s'accomplit ; la
plus monstrueuse des révolutions paraît, et
avec elle tous les maux désolent la Religion
et la France.

Orgueilleuse philosophie ! le jour de ton
triomphe est arrivé, mais tu te flatterais
en vain de compter parmi tes héros, les héros
de la Religion. Tes équivoques frauduleuses,
tes ruses politiques, tout viendra se briser
contre la foi de notre héros évangélique.

Informé du serment hétérodoxe qu'on
exige du Clergé français, M. Théron se livre
aux transports d'une juste indignation, et
s'y refuse obstinément.

On sait quel parti eurent à prendre les
Prêtres qui restèrent fidèles à leur devoir.
M. Théron se retira en Espagne. Ah! combien
de fois, dans sa marche forcée, ne tourna-
t-il pas vers sa patrie ses tristes regards !
Dans l'amertume de son cœur, il adressait
au Ciel les vœux les plus ardens pour le
salut de ses concitoyens. « Que deviendront,
« disait-il à ses compagnons d'infortune, que
« deviendront nos frères en J.-C. ? Qui leur
« prêchera la vertu ? Qui plaidera la cause des

« pauvres? Qui inspirera à ceux-ci l'amour de
« la justice et de la paix ? Qui rompra le pain
« à leurs enfans quand ils en demanderont?
« Qui sera le confident de leurs peines, et
« qui les partagera avec eux? Qui essuyera
« leurs larmes? Qui ira les consoler sur le lit
« de douleur? Qui leur apprendra à mourir?
« O ma patrie ! ô ma chère patrie !..... »

Madrid fut le lieu de son séjour. Cette
Capitale offrait un spectacle de religion fait
pour toucher les cœurs. Quel contraste avec
l'état de notre Empire ! Toutes les passions
y étaient déchaînées. La terreur et la mort
y promenaient leurs ravages. Les Français
n'étaient plus les uns que des moutons, les
autres des tigres. Ce déchirement eut une
durée plus longue que ne le pouvait faire
présumer sa violence. Sept ans entiers l'anarchie nous désola. La vertu, la fortune, les
talens étaient des crimes dignes de mort.

Cependant le calme renaissait en France ;
un Héros dont le courage avait su fixer la
victoire sous ses drapeaux, avait aussi par
son énergie éteint les brandons de la discorde.
Son bras puissant avait replacé le pouvoir sur
la colonne de la justice et des lois. Le Citoyen
paisible n'avait plus à craindre d'être tour-
menté ; le sang ne coulait plus sur les écha-
fauds ; la confiance, la paix revenaient habiter

ces demeures qu'elles avaient fui dans le trouble de nos guerres civiles ; la veuve éplorée de la perte d'un époux chéri, ne redoutait plus du moins de voir le glaive tomber encore sur la tête de ses enfans.

La nouvelle de cette heureuse révolution retentit dans toute l'Europe. Le sein de la France était ouvert à tous ceux qu'on en avait proscrit ; ils se hâtèrent de venir être témoins d'un spectacle si attendrissant. M. Théron quitta l'Espagne, revint dans sa Patrie, implora, comme tous les Français, la bénédiction du Ciel sur le Génie restaurateur de la véritable liberté de cet antique Royaume.

Tel avait été le bouleversement dont tout avait été agité, qu'il n'était point au pouvoir de l'homme d'en effacer tout d'un coup les traces ; le Génie ne put arriver à ses fins que par gradation. Il avait, dès le début, proclamé la liberté des Cultes ; cependant, celui de la religion catholique ne s'exerçait encore que dans l'ombre; les Prêtres n'étaient plus poursuivis ; ceux même qui, en suivant leurs inclinations sanguinaires auraient tenté de le faire, étaient contenus par la sagesse de notre libérateur : mais les esprits encore frappés de frayeur n'osaient se déclarer ouvertement partisans de la religion.

C'est alors que M. Théron fut chargé de

la Paroisse de Notre-Dame des Tables ; on nous a assuré que M. Castan, curé de cette même Paroisse, la lui avait résignée. Cette circonstance fait voir avec un nouveau plaisir la sagesse de ce choix. Les brebis qui avaient été dispersées par le loup ravisseur se rassemblèrent aussitôt à la voix de leur Pasteur. Renfermé dans une chapelle, il leur distribuait tous ses soins, tous ses secours. Les offices s'y célébraient avec toute la pompe dont le lieu était susceptible. Des catéchismes initiaient aux vérités de la Religion les enfans, à qui leurs parens n'avaient osé en parler, et qui avaient été témoins de tant d'actes d'irréligion et d'impiété. Des instructions, pleines d'onction, fortifiaient dans la foi ces âmes faibles que la tribulation avait ébranlées ; déjà on reprenait l'habitude de ces exercices pieux qui jettent dans le cœur la semence et l'aliment de toutes les vertus. Les tendres philothées offraient à Dieu, sans effroi, l'hommage de leurs prières, de leur vœux et de leurs sacrifices.

Jamais on ne put mieux se former d'idée du fabuleux siècle d'or, que dans ce temps-là. On entendait, pour ainsi dire, encore le retentissement du tonnerre qui grondait dans le lointain. L'extrémité de l'horizon était encore obscurcie d'un nuage noir et livide qu'avaient mille fois sillonné les éclairs et la foudre ; et nous étions pourtant sous un Ciel pur et serein, et nous avions lieu d'espérer que le Génie tutélaire qui avait dissipé l'orage, saurait l'empêcher de reparaître sur nos têtes. Ce contraste si grand, si touchant, pénétrait les cœurs d'une vive émotion ; ils n'étaient pas tout-à-fait dans l'allégresse, mais ils éprouvaient la sensation profonde d'un homme qui, étant plongé au milieu des flots, voit approcher la main qui va le secourir. C'est dans ce passage de la douleur à la joie, des alarmes à la sécurité, que se trouve la plus appréciée jouissance de ces sentimens, il faut à l'homme un objet de comparaison. Celui à qui tout a toujours ri, n'est pas véritablement heureux, il ne peut connaître son état.

Tous ceux qui ont été témoins de ce miracle de la Politique, ont senti ce que j'ai dit, bien mieux que je n'ai pu l'exprimer. Mais les vrais chrétiens ne se sont point bornés à une stérile admiration ; ils ont porté leurs regards plus haut, et ils ont vu le doigt de Dieu conduisant le Héros, auteur de tous les prodiges. Alors il se sont prosternés en action de grâces devant l'Éternel, et l'ont prié de continuer d'avoir des entrailles de miséricorde pour son peuple. C'était là, les séntimens dont M. Théron était animé. Il les inspirait à tous les fidèles à qui il annonçait la parole de l'évangile. « Les hommes « charnels, disait-il, ne voient que des « moyens humains dans tout. Mais nous que « la Religion a élevés à de plus hautes lu- « mières, nous devons adorer Dieu dans tous « les événemens ».

Bientôt le Culte Catholique eut plus que les faveurs de la tolérance. Il lui fut permis de se montrer au dehors. Les Églises s'ouvrirent. Les Prêtres purent exercer librement leurs fonctions. Le moribond eut la consolation de recevoir la visite du Sauveur qui venait lui donner la force nécessaire pour passer du temps à l'éternité. L'infortune put aller devant le père de la conpassion épancher sa douleur. La veuve désolée, l'orphelin timide offrirent des prières pour leur époux, pour leur père.

La Paroisse de Notre-Dame s'établit dans l'Église des Jésuites. Hélas ! celle où s'étaient opérés tant de miracles, avait été renversée par le démon de l'Anarchie. Grâces au zèle actif de son Curé, l'Église des Jésuites reçut dans peu les embellissemens qui devaient la rendre digne de la Majesté de nos cérémonies. M. Théron y déploya une pompe que nos yeux n'avaient vu depuis long-temps. Il faut frapper les sens pour aller à l'âme. Voilà la vérité qui lui faisait mettre toute la noblesse et toute la magnificence possible dans le service divin. Il pensait d'ailleurs que nous devons, comme Abel, offrir à Dieu ce que nous avons de plus beau et de plus parfait.

Il n'y avait personne qui ne fut édifié de toute la dignité, du respect profond, du recueillement, que montraient les fidèles. Les beaux jours de la primitive église semblaient avoir reparu, les colombes timides que l'orage avait dispersées, se rassemblaient dans leur paisible demeure, la maison du Seigneur était l'asile, le rendez-vous de toutes les vertus.

Mais le digne Pasteur ne tarda pas à s'apercevoir que toutes les brebis de son troupeau ne venaient point au bercail, un petit nombre d'hommes figuraient parmi les personnes de notre sexe. Quelques-unes même d'entre nous s'étaient séparées pour aller dans de paturages étrangers. M. Théron essaya de les ramener. Ses efforts furent pour la plupart inutiles. C'est dans la douleur de ces vaines tentatives, que nous lui avons entendu dire : « si le flambeau de la « foi s'est éteint dans ma Patrie, j'irai l'al- « lumer pour éclairer les peuples qui mar- « chent dans les ténèbres de l'idolatrie ».

Il aurait, en effet, quitté volontiers une seconde fois son pays pour aller satisfaire son zèle. C'étaient là les vœux de son enfance, il n'aurait pas ambitionné d'autre gloire que celle de marcher sur les pas de Saint François - Xavier.

Dieu daigna pourtant bénir les travaux de ses ouvriers, ils eurent la satisfaction de voir porter des fruits aux arbres que leur culture avait rappelé de la mort à la vie. La terre du maître défrichée par leurs travaux, leur fit espérer qu'elle pourrait se couvrir de belles moissons. Ils redoublèrent de vigilance et d'activité. Ils invoquèrent la rosée des grâces pour venir seconder leurs soins, et pour faire pousser les semences qu'ils avaient jetées dans le terrain qu'ils avaient bien préparé. Ils les virent sortir en herbes; la récolte leur donna même quantité de bon grain.

Alors eut lieu le concordat entre notre St. Père le Pape, et le premier Consul. Le Culte catholique reprit son ancienne splendeur. On fit une nouvelle répartition des Diocèses, nécessitée par les circonstances. Nous vîmes arriver un Évêque. Les Paroisses furent soumises à de nouvelles divisions. M. Théron fut alors confirmé Curé de la Paroisse de Notre-Dame.

Nous allons voir M. Théron parcourir
avec dignité la carrière de toutes les fonctions curiales ; il avait fait l'essai de son
talent en ce genre à S^t. Denis, et à Aniane ;
occupé dans la suite de l'administration du
Collége, il y avait continué d'exercer son
habileté dans l'art de manier les esprits. Sa
vie, depuis sa tendre enfance, n'avait été
qu'une suite non interrompue de saintes
actions ; les malheurs de l'exil épurèrent
encore les louables inclinations de son âme.
Il apporta donc à son honorable ministère
tous les talens et toutes les vertus qui carac-
térisent un digne Pasteur.

Aussi voyons-nous briller au premier rang
ce saint zèle pour la gloire de Dieu, qui
doit être le partage de celui qui l'aime véritablement. Que de soins, que d'attentions
à porter tous les cœurs à ce sentiment ! ah !
rendez-en compte avec moi, vous tous qui
l'avez suivi dans l'exercice de ses fonctions ;
dites avec quel empressement il saisissait les
occasions de contribuer à la gloire de son
Maître. Parlez-nous de ces instructions pathétiques par lesquelles il touchait si vivement
nos cœurs ; répétez l'abondance, l'onction
de ces exhortations qu'il faisait au lit des
malades ; renouvelez le souvenir de ces
entretiens pleins de mérite avec les gens du

monde , entretiens qu'il savait toujours sanc-
tifier , et dont on se retirait touché ou ému ;
rappelez-nous son aptitude à ramener tout au
souverain Auteur, citez ces paroles d'enthousiasme et d'admiration pour toutes ses perfec-
tions , et ces expressions d'indifférence pour
toutes les vanités terrestres.

Son amour pour Dieu ne le cédait point
au zèle qu'il avait pour sa gloire , que dis-
je ? c'était son amour qui était le principe
et la base de son zèle ; brûlé de ce feu divin,
son cœur était comme le buisson ardent de
l'Écriture , toujours embrasé sans jamais être
consumé. Son enfance avait été le prélude
de la perfection de cette vertu , sa vie entière
lui fut consacrée , c'est dans ce sentiment
que son âme venait oublier les soucis amers,
les peines cruelles des efforts infructueux
de son ministère. Quand il voyait l'ingra-
titude des hommes pour leur Créateur ; ah !
il était enflammé d'une nouvelle ardeur pour
lui , il aurait voulu contenir dans son cœur
tout l'amour que des ingrats n'avaient point
pour leur souverain Bienfaiteur. Combien
de fois , ô mon Dieu , n'ai-je pas entendu
votre serviteur , se plaindre amèrement de
nos torts envers vous ! avec quel tendre épan-
chement il soupirait sur la dureté de nos
cœurs !

Ah ! il était tout-à-la-fois pénétré de douleur pour son Maître et pour son prochain; celui-ci en effet par son infidélité à répondre à l'amour du Dieu très-bon, se préparait une coupe d'amertume, de regrets et de malheur, cette double idée pesait sur son cœur sensible. Hélas ! l'Éternel qu'il aimait tant, n'était point aimé comme il le méritait, et ses semblables pour lesquels il se serait même fait anathème, n'avaient point par leur égarement, le bonheur qu'il leur aurait souhaité. Peut-on se faire une idée des angoisses qu'il en éprouvait ? C'est dans le recueillement de la prière, dans les conversations qu'il avait avec des âmes pieuses, qu'il laissait échapper l'abondance de ses sentimens à cet égard.

Charité vive, vous étiez dans son cœur alimentée par l'amour divin, vous n'étiez même qu'un rayon réfléchi de ce feu céleste; rien de mondain, de terrestre ne ternissait en lui votre éclat; aussi ne faisait-il point acception de personne, également propre à s'élever au niveau des Grands pour leur distribuer le pain de la parole évangélique, qu'à descendre jusqu'aux Petits pour leur enseigner les vérités de la Religion, il était tout à tous.

Mais avec quel saint empressement ne

courait-il point essuyer les larmes de l'in-
fortuné, offrir du pain à l'indigent, et des
consolations à la douleur? son air doux et
attrayant enhardissait le besoin à lui exposer
ses peines, il en tarissait la source. Des personnes d'une famille distinguée avaient été
réduites à la misère; le Pasteur pour ne
pas blesser charitablement leur délicatesse,
s'avisa ingénieusement de leur faire faire des
ouvrages de broderie; les personnes auxquelles ils étaient destinés en faisaient, disait-
il, le plus grand cas; et à la faveur de cet
éloge il faisait recevoir son aumône, sans
alarmer la honte qu'on a naturellement d'être
assisté.

Il ne bornait pas là les effets de cette vertu.
Un homme s'était déclaré son ennemi achar-
né, il avait répandu le poison de la calomnie
contre lui au commencement de la révolution; pendant le cours de cet orage politique, il saisit avidement l'occasion de lui
faire de la peine en faisant vendre toutes ses
propriétés; depuis le retour du calme, il
l'avait insulté, outragé, il avait proféré sur
lui l'horrible vœu de sa mort. Par un revers
funeste il se voit sans ressources; M. Théron
l'apprend, il tâche d'avoir accès auprès de
lui, fournit à ses besoins, s'en fait un ami,
et a de plus la consolation de le ramener

à la vertu. Lorsqu'il a su que nous nous occupions de la vie de ce bienheureux Prêtre, il est venu nous faire l'aveu de ses torts à l'honneur de son bienfaiteur.

Nous serions trop longs, si nous voulions retracer en détail, ce saint zèle avec lequel il instruisait sur les vérités de la Religion, les petits enfans, l'espoir de la génération future; cet aimable enjouement qui savait se gagner ce bel âge; ces suppositions ingénieuses qui mettaient la vérité à la portée des moins intelligens; ce talent à développer tous les principes de la foi dans ces *instructions*, après Vêpres, où il nous appelait tous ses enfans; comment ne pas s'arrêter sur cette preuve de son amour pour ses brebis? Non content de leur distribuer le pain de la parole à la Messe, il fallait qu'il s'occupât d'elles à tout moment de la journée. Oui, à tout moment il les aurait, dans sa tendresse, invitées à la vertu par ses exhortations.

Aussi, visites des malades et des pauvres, assiduité aux Catéchismes et aux sacrés Tribunaux, recueillement devant Dieu par la prière, voilà ce qui remplissait ses journées, à peine avait-il bien souvent le temps de prendre les alimens nécessaires pour soutenir son corps.

Un ulcère des plus fâcheux exerçait depuis long-temps ses rigueurs sur une de ses jambes, il y éprouvait les plus vives douleurs. Les médecins lui conseillaient de prendre du repos ; « Faudrait-il, disait-il, qu'un Pasteur « pour s'épargner une légère souffrance, « laissât mourir de faim ses brebis ? les « miennes ont besoin de moi, j'en dois ré- « pondre à mon maître ; dussé-je en mourir, « je les conduirai toujours dans les paturages « du Seignenr ».

Cependant Dieu se préparait à couronner tant de vertus : l'horloge de l'éternité sonne l'approche de la dernière heure de M. Thé- ron. Il tombe en défaillance dans le Confes- sionnal le vendredi , veille de l'Assomption , à 7 heures du matin. Il se retire un moment dans la sacristie. Il reprend ses sens, et aussitôt il veut retourner verser les eaux de la piscine sur les taches des pécheurs ; on lui représente le danger de sa faiblesse, il répond : « faut-il priver tant d'âmes de rece- « voir dans la grande solennité de demain « leur Sauveur : non, je vais les purifier, « elles seront admises au banquet de l'ag- « neau ».

Son zèle l'aveuglait, on l'entraîne à sa maison, la fièvre s'empare de lui. Il est hors d'état de sortir, alors il fait venir les enfans

qui avaient fait leur première Communion ,
il ne peut rester oisif ; il fait violence à son
mal , il les prépare à être admis à la table
des Anges.

Mais bientôt une fluxion de poitrine bien
caractérisée se déclare , on annonce que
ce flambeau va cesser d'éclairer l'Église. Son
digne Vicaire , M. Roque , lui propose la
réception de l'extrême-onction sur le soir
du lundi. Il dit qu'il se sent des forces pour
attendre jusqu'au jour ; on lui représente que
ses Paroissiens viendront en foule à cette
triste cérémonie. Son cœur se navre à ce
tableau. « Non , dit-il , non , je ne pourrais
« soutenir ce spectacle attendrissant ; ma
« faiblesse y succomberait. Un père quitter
« ses enfans !... » Des larmes coulèrent de
ses yeux. Il se surmonta. « Eh ! bien , dans
« la nuit , je recevrai ce Sacrement ; allez
« vous reposer , je vous ferai appeler ». Le
moment arrive, il craint, il tremble, nouveau
Jérome, il croit entendre la trompette fatale,
enfin il se rassure ; la confiance renaît en
lui , il fait généreusement le sacrifice de sa
vie ; il console le vertueux Ministre qui
foudait en larmes. Il lui recommande son
troupeau, il le prie de se souvenir de lui
quand il ne sera plus.

Le mercredi 19 août 1812 , à une heure

de l'après-midi, il perdit connaissance. Les hommes du monde ne parlent alors que de leurs folles vanités, de leurs viles entreprises ; M. Théron ne faisait que répéter ce qui avait été l'exercice de sa vie entière. Tantôt il prononçait les paroles édifiantes des psaumes, tantôt recommandait la vertu aux fidèles. Il élevait son cœur vers Dieu, il se croyait dans ses saintes fonctions.

Alors Dieu envoya un Ange dégager son âme des liens du corps ; elle s'envola dans les demeures éternelles (1).

A cette nouvelle fatale, le deuil se répandit partout ; des cris perçans de douleur se firent entendre dans l'église qu'il avait rendue témoin de son zèle, des torrens de larmes coulèrent de tous les yeux.

O Dieu ! vous enlevez à notre amour ce Père tendre qui nous enseignait à vous aimer, qui introduisait le goût de la vertu dans l'âme de nos enfans, qui consolait la douleur des pertes qu'elles avait faites. En

---

(1) Il était âgé de 73 ans, 7 mois, 7 jours.

vous perdant, bienheureux Pasteur ! nous retombons dans notre affliction, tous les chagrins pèsent à la fois sur nous.

Quel coup a brisé les ressorts de notre âme ! Est-il donc vrai, M. Théron n'est plus ?.... et que deviendront les infortunés dont il soulageait la misère ? Que deviendront ces familles que le temps a précipitées dans le malheur ? Qui les secourra dans la honte de leur situation ?

Il a sans doute assez vécu pour lui, il aurait pu dire avec l'Apôtre : « j'ai bien « combattu (1), j'ai achevé ma course, j'ai « gardé la foi. Au reste la couronne de « justice m'est réservée, et le Seigneur qui

---

(1) Personne n'a mieux que lui combattu sa chair. Pendant son Vicariat à St. Denis, il oublia une ceinture de fer sur une chaise, et pria instamment la personne qui l'avait trouvée de n'en pas parler. Il portait encore, malgré son âge et ses infirmités, un cilice qui est descendu avec lui dans la tombe. Ses austérités en jeûnes, en mortifications et en prières prouvent qu'il ne regardait son corps que comme un esclave qu'il fallait dompter.

« est le juste juge, me la rendra, et non
« seulement à moi, mais aussi à ceux qui
« aiment son avénement (1) », II. Ép. à
Timoth. IV. 7.

---

(1) Après sa mort, il ne s'est élevé qu'une voix
en sa faveur; on l'a regardé comme un juste qui avait
rempli exactement tous ses devoirs. La calomnie qui
l'accusait jadis d'avoir de la *finesse*, c'est-à-dire, assez
de talent et d'esprit pour faire tout bien, et à propos,
la calomnie a expiré avec lui. Il a emporté la vénération, les regrets de tout le monde.

FIN.

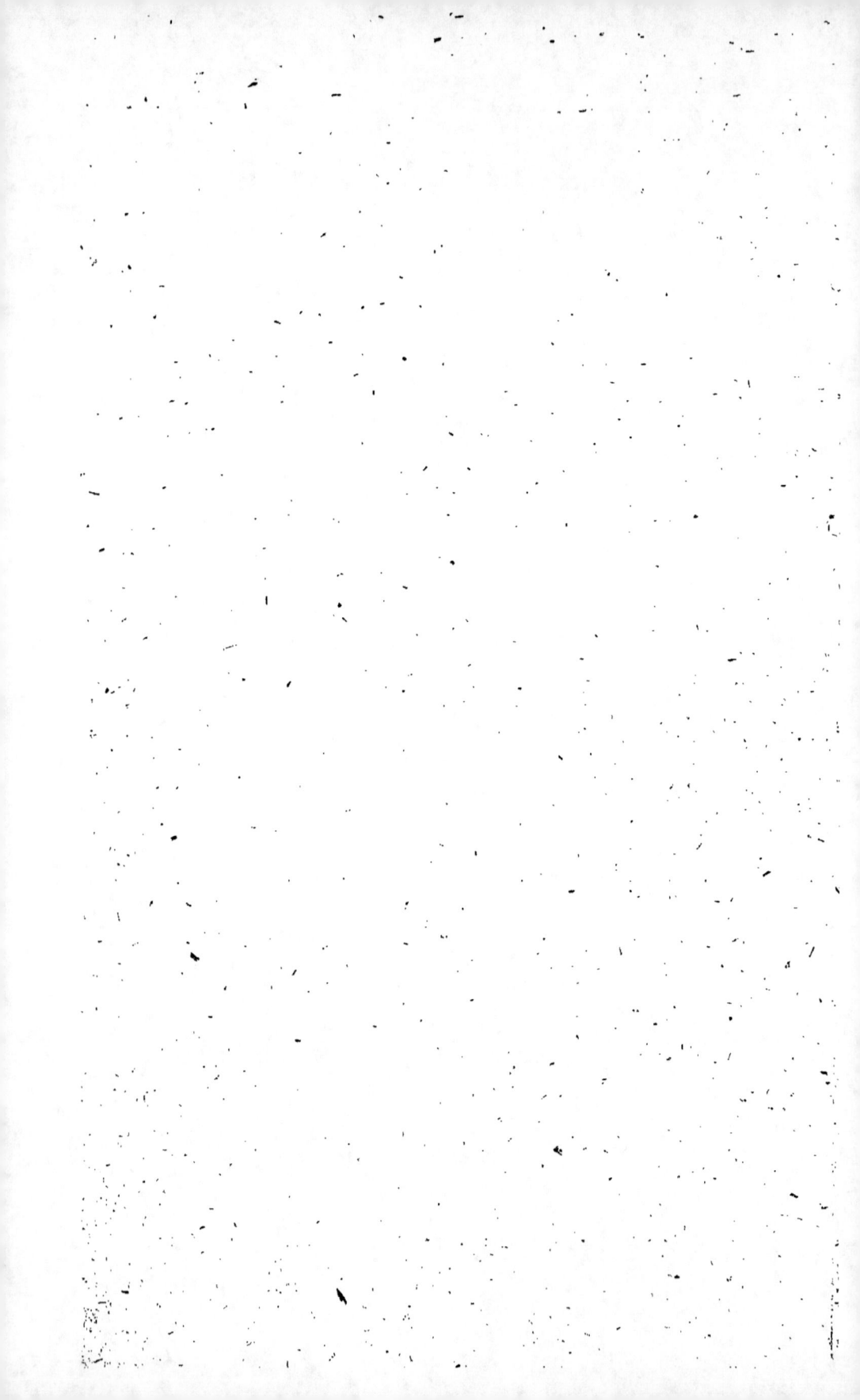

www.ingramcontent.com/pod-product-compliance
Lightning Source LLC
LaVergne TN
LVHW022204080426
835511LV00008B/1557